TA KSIĄŻKA NALEŻY DO

THIS BOOK BELONGS TO

____

AHHHHH ZIEWAM!

AHHH I'M YAWNING!

CZAS IŚĆ SPAĆ

TIME TO SLEEP

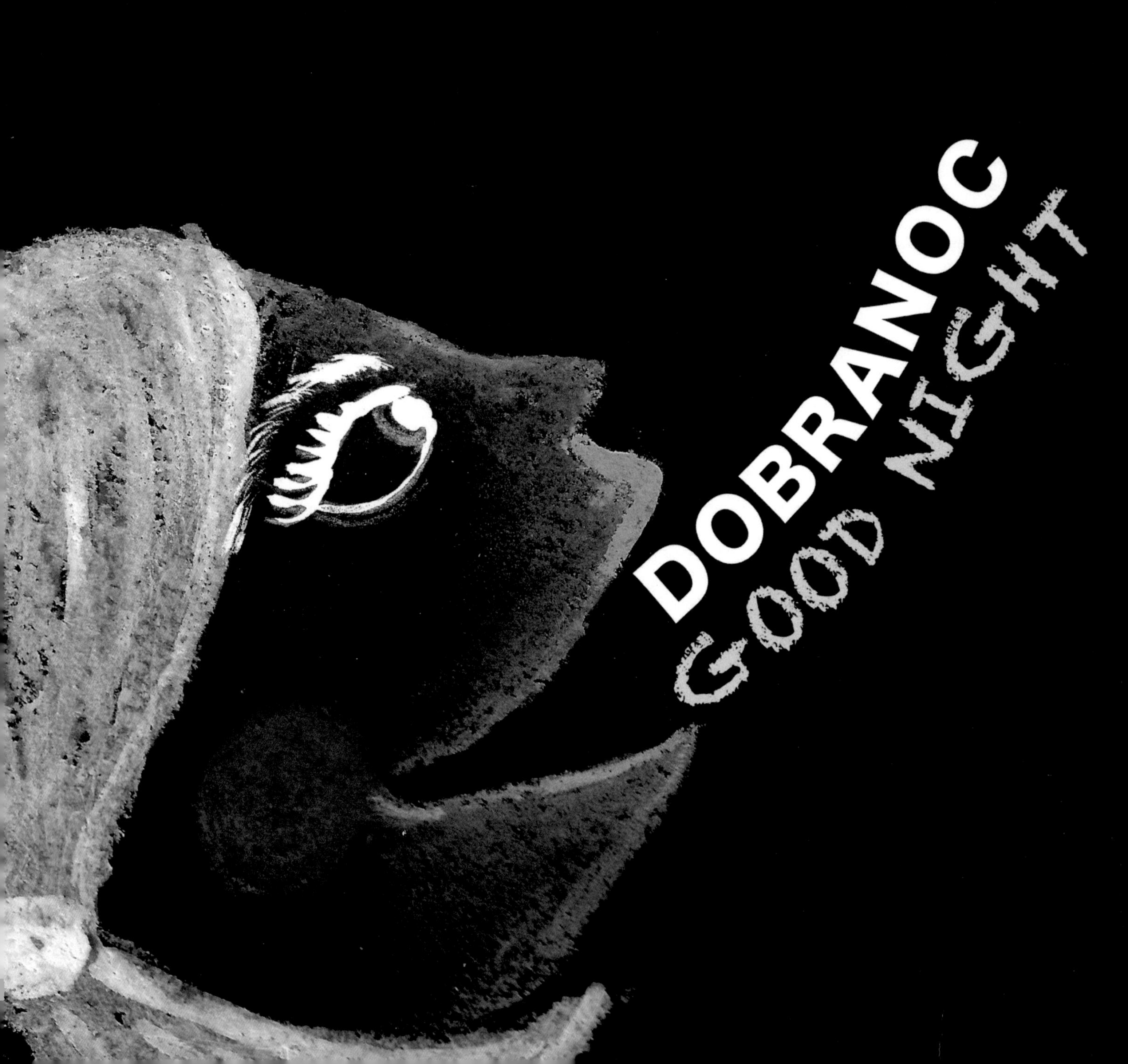
DOBRANOC
GOOD NIGHT

MAMUSIU I TATUSIU!

MOMMY AND DADDY!

DOBRANOC CÓRECZKO

GOOD NIGHT DAUGHTER

DOBRANOC SKARBIE

GOOD NIGHT PRECIOUS

SŁODKICH SNÓW SIOSTRO

SWEET DREAMS SISTER

ŚPIJ MOCNO BRACISZKU

SLEEP TIGHT LITTLE BROTHER

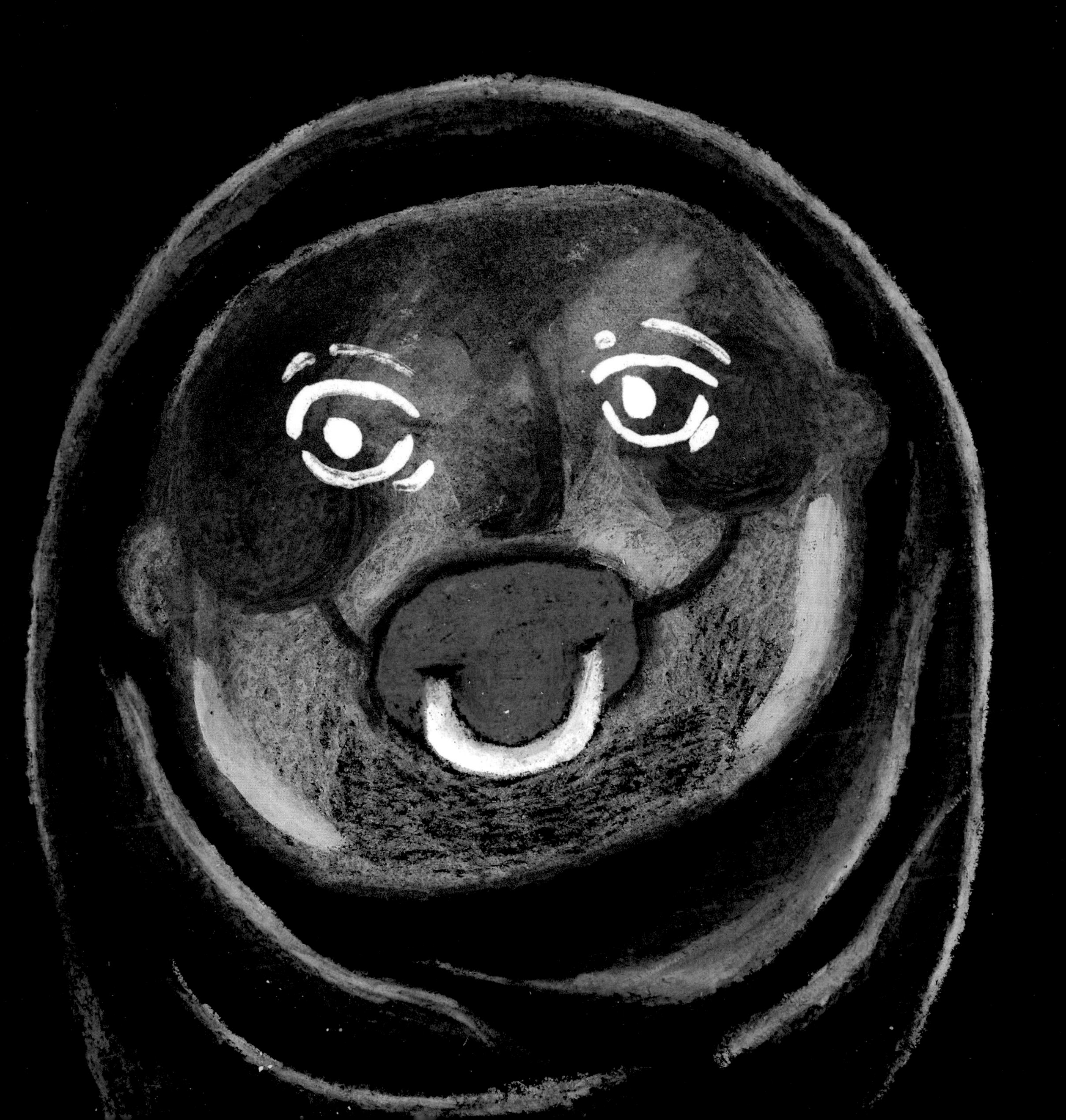

DOBRANOC PANI RYBKO

GOOD NIGHT MISS FISH

DOBRANOC CHOMIKI

GOOD NIGHT HAMSTERS

DOBRANOC MISIU

GOOD NIGHT TEDDY

DOBRANOC
GWIAZDY
GOOD NIGHT
STARS

I KSIĘŻYC

Made in the USA
San Bernardino, CA
06 December 2019

60965636R10015